Investir En Bourse Pour Les Débuta
Novices

Par : Giovanni Rigters

Sommaire

Remarque importante

Ce livre est présenté exclusivement à des fins éducatives et de divertissement. L'auteur ne le présente pas comme un conseil juridique, comptable, financier, d'investissement ou d'autres services professionnels. Le contenu de ce livre est la seule expression et opinion de son auteur. Il ne constitue pas une suggestion d'acheter ou de vendre des actions ou des titres de l'une des sociétés ou des investissements dont il est question dans ce livre. L'auteur ne peut pas garantir l'exactitude des informations contenues dans ce livre. L'auteur ne peut être tenu responsable de tout dommage physique, psychologique, émotionnel, financier ou commercial, y compris, mais sans s'y limiter, les dommages spéciaux, accessoires, consécutifs ou autres. Vous êtes responsable de vos propres choix, actions et résultats. Veuillez consulter un professionnel compétent en matière de fiscalité et/ou d'investissement pour obtenir des conseils en matière d'investissement et de fiscalité.

Introduction

Il est temps de prendre votre vie financière au sérieux et de commencer à penser à l'avenir. Personne ne peut et ne doit travailler toute sa vie ; vous voulez toujours profiter de la vie, passer du temps de qualité avec votre famille et votre corps ne vous laissera pas travailler éternellement. De plus, de nos jours, vous ne pouvez pas compter sur une retraite comme au "bon vieux temps".

C'est donc à vous, et à personne d'autre, qu'il revient de prendre les mesures nécessaires pour vous constituer un patrimoine. Le processus n'est pas difficile, mais vous devrez y prêter attention et passer un certain temps à apprendre à investir. Il n'y a pas d'autre solution.

Il existe de nombreuses manières d'investir et de nombreux comptes d'investissement différents sur le marché, mais il n'est pas trop difficile ou compliqué de s'y retrouver dans la jungle des investissements. Il est également très probable que vous puissiez commencer à en profiter et franchir une nouvelle étape en investissant dans des entreprises individuelles.

Tout d'abord, il faut commencer par les bases de ce que sont les actions et le marché boursier. Nous allons examiner comment gagner de l'argent et ce qu'il faut faire en cas de krash boursier. Ensuite, nous examinerons certaines idées fausses et erreurs courantes que les gens font en bourse. Alors, suivez-moi dans cette jungle qui nous mène au paradis.

Chapitre Un : Que Sont Les Actions ? Le Moyen Le Plus Simple De S'enrichir !

Une action est tout simplement un morceau d'entreprise. Une action représente la propriété et est un actif que vous pouvez acheter. Les personnes qui possèdent ces actions sont appelées des actionnaires.

Voyons un exemple. Si vous et votre famille allez manger une tarte ou une pizza qui a 8 parts, tout le monde aura au moins une part ou une tranche. Sur les huit parts, tu n'en auras qu'une et ton père en aura deux.

Tu as reçu une part de pizza sur huit ou 12,5 % et ton père en a reçu 2/8 ou 25 %.

Les entreprises fonctionnent de la même manière, mais au lieu de huit actions, elles peuvent en avoir des millions, voire des milliards.

McDonalds a 797 millions d'actions en circulation. Walmart en a 2,9 milliards et Facebook 2,3 milliards.

Actions en circulation est un terme utilisé pour expliquer le nombre total d'actions d'une société en bourse que les actionnaires peuvent acheter et vendre entre eux. Les actionnaires peuvent être des personnes ou différents types d'institutions.

En outre, vous n'êtes pas limité par la géographie lorsque vous investissez, car vous pouvez acheter des actions d'entreprises du monde entier. Ainsi, si vous souhaitez acheter des actions à des sociétés des Pays-Bas ou même du Brésil, vous pouvez le faire.

Une chose à laquelle vous devez prêter attention est qu'il existe deux types d'actions sur le marché, les actions de croissance et les actions à revenu.

Les entreprises qui voient le cours de leurs actions augmenter rapidement, comme les entreprises technologiques, sont des actions de croissance, par exemple, Facebook et Twitter. Il s'agit d'entreprises à croissance rapide et tout revenu qu'elles réalisent est réinvesti dans l'entreprise en vue d'une croissance et d'une expansion ultérieures.

Les actions à revenu, que je préfère, sont des actions qui versent périodiquement un dividende à leurs actionnaires. Ce dividende est généralement trimestriel, mais il peut aussi être mensuel, semestriel ou annuel.

Les entreprises qui peuvent se permettre de verser les revenus de leurs actionnaires sont de grandes sociétés bien établies, comme Procter & Gamble ou la société Pepsi.

Il y a des avantages à posséder à la fois des actions de croissance et de revenu. Les actions de croissance ont le potentiel d'augmenter rapidement leur valeur, mais elles sont également plus volatiles et plus risquées. Les actions à revenu, d'autre part, fournissent un flux constant de dividendes, mais leur valeur peut ne pas s'apprécier aussi rapidement que celle des actions de croissance.

Pour ces deux types d'actions, il existe également deux types d'investisseurs différents, les investisseurs de croissance et les investisseurs de valeur.

Les investisseurs en croissance aiment voir la valeur de leurs actions augmenter, ce que l'on appelle aussi une plus-value. Ils sont également plus disposés à prendre un risque plus important pour une récompense encore plus grande.

Les investisseurs de valeur aiment analyser les mesures et les chiffres d'une entreprise et sont prêts à attendre le bon moment pour acheter des actions d'une société. Les investisseurs de valeur savent découvrir les grandes entreprises qui sont performantes et qui sont susceptibles de le rester à l'avenir en fonction du produit ou des services qu'elles vendent sur le marché où elles se trouvent.

Vous pensez peut-être que pour commencer à acheter des actions, il faut avoir une tonne d'argent ou être millionnaire. Ce n'est pas vrai du tout, vous pouvez commencer par acheter une seule action d'une société.

Au moment où j'écris ces lignes, j'ai vu que l'action Nike est vendue 60 $, Coca-Cola 46 $ et Twitter 21 $. Il ne s'agit pas d'un soutien à l'achat de ces trois actions. C'est juste un exemple qui montre qu'il n'est pas nécessaire de dépenser des milliers de dollars pour démarrer.

Maintenant que la définition ennuyeuse est terminée, voyons comment les gens s'enrichissent grâce aux actions.

Les quatre principaux moyens de s'enrichir sont les suivants :

- Gains en capital
- dividendes
- vente à découvert
- négociation d'options

Les deux derniers exigent un peu de compétence et de travail et ils ne sont pas aussi passifs que les deux premiers.

Les plus-values sont celles qui résultent de l'augmentation de la valeur de vos actions. La beauté de la chose est que vous n'effectuez aucun travail physique ; tout est passif.

Supposons que vous ayez acheté 10 actions de Coca-Cola à 46 dollars mardi et que vos actions valent donc 460 dollars. Vendredi, les actions sont montées à 52 $.

Vos actions **(capital)** viennent d'augmenter **(gain)**. Votre investissement vaut maintenant 520 $.

Votre capital a donc augmenté de 60 $. Maintenant, si vous possédiez 100 ou même 1000 actions, cette augmentation de 6 $ serait encore plus belle.

Avec les dividendes, vous vous enrichissez en achetant constamment des actions qui versent des dividendes, en réinvestissant ces dividendes et en profitant également des augmentations de dividendes des entreprises elles-mêmes.

Avec les dividendes, c'est plutôt un **effet boule de neige**. Au début, vos revenus sont faibles, mais ils augmentent ensuite de manière exponentielle, ce qui vous permet de vivre de vos dividendes sans jamais avoir à vendre vos actions.

Investir pour s'enrichir et devenir riche devrait être votre objectif à long terme.

Chapitre Deux : Qu'est-ce que la Bourse ?

La bourse est un marché comme les autres où acheteurs et vendeurs se rencontrent pour échanger des biens ou des services.

Pensez au marché de l'automobile. Vous êtes l'acheteur qui souhaite acheter une nouvelle voiture rouge. Vous vous rendez chez le concessionnaire automobile où des vendeurs enthousiastes vous accueillent. Ils vous montrent les derniers modèles de voitures et, après quelques allers-retours, ils vous convainquent de verser une somme d'argent en échange d'une nouvelle voiture.

La bourse ou le marché boursier fonctionne de la même manière, mais au lieu que la voiture soit le produit de ses actions.

Les deux bourses les plus connues en Amérique du Nord sont la Bourse de New York et le NASDAQ. C'est sur ces marchés boursiers que vous pouvez acheter des actions de sociétés comme Snapchat, Apple et Starbucks.

L'une des principales différences entre la Bourse de New York et le NASDAQ est que la Bourse de New York propose un commerce traditionnel et que le NASDAQ est électronique.

La négociation traditionnelle est une négociation en face à face où les acheteurs et les vendeurs d'actions sont sur la salle des marchés pour exécuter les ordres. Sur le NASDAQ, tous les ordres sont passés électroniquement par ordinateur et par téléphone.

De nombreuses petites entreprises et entreprises en plein essor peuvent être négociées de gré à gré ou **OTC**. C'est là que les investisseurs peuvent acheter et vendre des actions à un penny.

Dans le passé, les marchés boursiers n'étaient accessibles qu'aux riches et aux nantis d'entre nous. Mais depuis que les portes ont été ouvertes aux gens ordinaires, elle est devenue l'un des principaux véhicules de production de richesses.

Il y a eu de nombreuses fois dans l'histoire où le marché s'est effondré et où les gens ont fini par perdre tout ou partie de leur argent. Un crash boursier fait peur à de nombreux actionnaires, car beaucoup d'entre eux ont investi leur retraite et leur patrimoine en bourse.

Pourquoi le marché monte-t-il, baisse-t-il et s'effondre-t-il tous les deux ans ? Pour l'expliquer, il faut considérer à la fois le court terme et le long terme.

Les fluctuations du marché à court terme peuvent être déclenchées par n'importe quoi, comme la spéculation des actionnaires, les mauvaises nouvelles concernant un secteur, les changements de politiques gouvernementales, les entreprises qui atteignent ou dépassent leurs objectifs prévus, et la liste est longue.

Je me souviens qu'en 2006 ou 2007, un fast-food populaire de New York a dû fermer ses portes en raison d'un problème d'infestation de rats.

Même après sa fermeture, vous pouviez voir les rats géants de New York faire des allers et retours à l'intérieur du restaurant.

De mauvaises nouvelles comme celle-ci ont fait paniquer les actionnaires et la société a vu le prix de ses actions baisser.

Après un certain temps, le prix de l'action a remonté. Vous savez probablement de quel restaurant je parle, mais si vous ne faites pas une recherche rapide en ligne, mieux vaut encore utiliser Youtube.

Les fluctuations du marché boursier sont influencées par le cycle dans lequel nous nous trouvons. En période de prospérité, le marché boursier est en hausse, ce qui signifie qu'il est en train d'augmenter.

En période de difficultés économiques et d'incertitude, le marché boursier a tendance à être dans un marché baissier, ce qui signifie une tendance à la baisse.

Outre l'achat d'actions, vous pouvez également acheter des fonds communs de placement, des obligations, des contrats à terme, des options, des matières premières, des fonds indiciels et des ETF sur le marché.

Les entreprises présentes sur le marché boursier sont toutes des sociétés cotées en bourse. Cela signifie que ces entreprises doivent être transparentes avec leurs actionnaires en ce qui concerne leurs activités commerciales.

Elles doivent également présenter des rapports trimestriels appelés 10Q et des rapports annuels appelés 10K ainsi qu'un rapport annuel.

Pour être cotée en bourse, une société privée sur le marché primaire s'introduit en bourse par le biais d'une **première offre publique** permettant d'acheter et de vendre ses actions sur le marché secondaire, qui est le marché auquel les investisseurs réguliers comme vous et moi ont accès.

Une société ne gagne de l'argent que pendant l'introduction en bourse, en vendant ses actions au public. Elle est ensuite entre les mains des actionnaires qui peuvent négocier entre eux.

Bien entendu, une société reste propriétaire de la majorité de ses actions et elle peut les racheter si cela s'avère judicieux d'un point de vue financier ou commercial.

Avec tous les risques que comporte le marché boursier, de nombreuses personnes continuent d'y investir, parce qu'à long terme, il s'est avéré être un excellent moyen de se constituer un patrimoine.

Chapitre Trois : Comment Acheter Des Actions

Avant de vous lancer dans l'achat d'une ou de plusieurs actions, vous devez avoir un objectif à atteindre.

Investissez-vous en vue de la retraite ? Vous voulez acheter des actions parce que vous pensez pouvoir gagner de l'argent rapidement ? Ou peut-être voulez-vous simplement vous mouiller les pieds et acquérir un peu d'expérience.

La réponse à la question réfléchie, à savoir quel est votre objectif, déterminera le type d'investisseur que vous serez, la somme d'argent dont vous aurez besoin et la durée pendant laquelle vous devriez conserver les actions que vous prévoyez d'acheter.

La réponse à cette question déterminera également si vous êtes un investisseur à court ou à long terme.

Les investisseurs à court terme aiment acheter et vendre fréquemment dans la même journée ou dans un délai de quelques semaines. Ces traders sont appelés day traders et swing traders. Ces traders essaient de gagner de l'argent rapidement en achetant à bas prix et en vendant à haut ou à court terme. Ils sont présents sur leurs comptes de négociation chaque jour où la bourse est ouverte, à la recherche d'opportunités de faire des bénéfices.

Les investisseurs à long terme adoptent une approche différente. Ils gardent toujours un œil sur les performances de leurs actions. Mais ils adoptent l'approche à long terme qui consiste à acheter des actions pour les conserver pendant 5, 10 ou plusieurs années encore. Si vous investissez en vue de la retraite, vous adopterez l'approche à long terme.

Vous devez également vous demander quel risque vous êtes prêt à prendre si vous achetez des actions. Le marché boursier peut être très volatile et vous pourriez perdre une tonne d'argent si vous ne faites pas attention.

Si vous êtes un jeune investisseur qui a un peu d'argent pour jouer avec et qui ne se soucie pas des fluctuations à court terme du marché, vous pouvez alors prendre beaucoup de risques.

Mais si vous êtes proche de la retraite et que vous souhaitez préserver et faire fructifier votre argent, vous devriez être plus prudent dans vos investissements et vos achats d'actions.

Il est également conseillé de consulter un conseiller financier ou un planificateur financier.

Pour commencer à investir, il vous faut un compte d'investissement. Ce compte vous donne accès à l'achat et à la vente d'actions, également appelées "actions". Il existe de nombreux types de comptes sur le marché, mais les plus importants sont le 401k, l'IRA, le Roth IRA, le compte de courtage traditionnel, le 403b et le compte d'épargne-études, également appelé ESA.

Le 401k et le 403b ne sont disponibles que par l'intermédiaire de votre employeur s'il décide de s'inscrire sur ces comptes. Les entreprises offrent également un certain pourcentage de contrepartie ou un certain montant en dollars pour motiver leurs employés à participer à ces plans. Il y a toutefois une limite au montant que vous pouvez verser sur un 401k ou 403b.

L'IRA, qui signifie compte de retraite individuel, et le Roth IRA sont tous deux des comptes de retraite que vous pouvez ouvrir auprès d'une entreprise d'investissement, d'une banque ou d'une coopérative de crédit.

Les trois différences entre l'IRA et le 401k sont les montants limites, l'appariement des entreprises et la sélection des options d'investissement. Les IRA et les Roth IRA ont toujours une limite inférieure à celle du 401k, les IRA n'offrent pas non plus de contrepartie de la contribution de l'entreprise.

Les IRA et les Roth IRA se distinguent par le fait qu'ils vous permettent d'investir dans ce que vous voulez. L'investissement par le biais d'un 401k est toujours limité par ce que l'entreprise a choisi pour ses employés, à savoir des fonds de retraite à date cible, une sélection limitée de fonds communs de placement et de fonds indiciels et aucune action individuelle à choisir, sauf si l'entreprise vous autorise à acheter une partie de ses actions.

En outre, vous n'avez pas à choisir entre la mise en place d'un 401k ou d'un IRA, car vous êtes autorisé à avoir les deux.

Les 401k et les IRA vous pénalisent si vous retirez votre argent avant d'avoir 59 ans et demi. Vous êtes pénalisé de 10 % et il est plus que probable que vous allez également payer des impôts.

C'est là qu'interviennent les comptes de courtage traditionnels. Le compte de courtage vous permet de retirer votre argent à tout moment, mais vous paierez des impôts sur vos plus-values et vos dividendes, mais vous ne serez pas pénalisé par une pénalité de 10 %.

Avec tous les différents types de comptes sur le marché, il peut être difficile d'en choisir un pour commencer, alors laissez-moi vous dire ce que j'ai fait. Tout d'abord, je me suis inscrit au plan 401k et j'ai obtenu l'accord de ma société, puis j'ai ouvert un IRA Roth avec un courtier à escompte et ensuite j'ai ouvert un compte de courtage traditionnel. N'oubliez pas que vous n'êtes pas limité par le nombre de comptes d'investissement que vous pouvez avoir.

Certaines des meilleures sociétés de courtage le sont:

- Ally
- E-Trade
- TD Ameritrade

Il est également très facile d'ouvrir un compte. Il vous suffit de vous rendre sur le site d'investissement et de cliquer sur le bouton "Ouvrir un compte". Vous pouvez également les appeler et ils vous aideront volontiers à ouvrir votre compte.

Pour acheter des actions, vous devez connaître le symbole de l'entreprise dans laquelle vous voulez acheter des actions. Le symbole du ticker est l'abréviation unique de la société sur le marché boursier. Par exemple, la société Pepsi se trouve sous le symbole du ticker **PEP**, Amazon est **AMZN** et Walt Disney est **DIS**.

Une fois que vous connaissez le symbole du téléscripteur, vous êtes prêt à connaître le prix d'une action et le nombre d'actions que vous souhaitez acheter. Rendez-vous sur votre compte de courtage et connectez-vous, naviguez jusqu'à votre option de négociation et tapez le nombre d'actions que vous souhaitez acheter.

Dans mon exemple ci-dessous, nous cherchons à acheter 5 actions de Coca-Cola. Vous devez maintenant choisir votre type de commande. Nous allons choisir l'ordre au marché, ce qui signifie que nous allons acheter l'action au prix du marché actuel.

Action	Shares	Symbol	Price
● Buy ○ Sell ○ Sell Short ○ Buy to Cover	5	KO 🔍 Find Stock Symbol Preferred Stock Format	● Market ○ Limit ○ Stop ○ Stop Limit ○ Market on Close
		Advanced Orders: [⇕]	
		Preview Order Disable Preview Step	

Vous pré visualisez ensuite votre ordre, où vous pouvez voir ce que vous achetez, combien d'actions, quelle est votre commission, c'est-à-dire vos frais de négociation et le total de votre ordre.

Please Review Your Order Carefully

Account: 38721198 - Individual Account

Action	Amount	Symbol	Description	Price	Duration	Qualifiers	
Buy	5 Shares	KO	COCA-COLA CO (THE)	Market	Day Order	None	Modify

Estimated Commission: $4.95
Estimated Order Total: $237.90

Place Order

Passez votre ordre et si vous négociez pendant les heures normales, c'est-à-dire du lundi au vendredi à 9h30, heure de l'Est, votre ordre sera exécuté immédiatement et votre compte de négociation sera mis à jour avec les actions que vous venez d'acheter.

Il s'agit donc d'un processus assez simple. Toutefois, l'important est d'acheter des actions au bon moment en se basant à la fois sur l'analyse technique et fondamentale d'une entreprise.

Chapitre Quatre : La Bourse Va S'effondrer ! Voici Ce Que Vous Devriez Faire

Un effondrement de la bourse se produit lorsqu'il y a une chute rapide et spectaculaire des cours des actions dans de nombreux secteurs ou industries. Cette baisse se produit rapidement en quelques jours ou peut prendre un certain temps avant de toucher le fond, pour ainsi dire. Cette chute est si importante que les marchés boursiers finissent par fermer prématurément pour empêcher les cours de baisser encore plus.

Une **correction** boursière ne doit pas être confondue avec un effondrement. Une correction a lieu lorsque le marché a été surévalué et doit être ajusté en revenant à sa valeur respective. Les corrections du marché sont fréquentes et ne durent généralement pas très longtemps, car lorsqu'elles ont été réajustées, c'est le retour à la normale.

Un effondrement, en revanche, c'est quand tout se déchaîne et que le ciel nous tombe sur la tête. Vous entendrez les journalistes prêcher la fin du monde et vous verrez les politiciens s'accuser mutuellement des politiques qui ont conduit au crash.

Un effondrement boursier peut être influencé par de nombreux événements : comme une dépression ou une récession économique, l'instabilité des pays et les spéculations des actionnaires qui achètent des actions au point de former une bulle boursière.

Il s'agit d'un phénomène purement émotionnel et toute logique est exclue. La bulle finit toujours par éclater et les actionnaires commencent à vendre dans la panique. Lorsque cela se produit, il faut bien sûr rester calme ; si vous paniquez, vous ferez des erreurs.

La première chose à retenir est que nous avons déjà eu des effondrements par le passé. Chacun a toujours été différent, mais nous avons réussi à rebondir.

Si vous êtes un investisseur à court terme, c'est le bon moment pour commencer la **vente à découvert**, c'est-à-dire l'acte d'emprunter des actions, de les vendre au prix du marché le plus élevé, puis de les racheter à un prix inférieur et enfin de rendre les actions empruntées, la différence est votre profit.

Si vous êtes à la retraite ou proche de la retraite, votre argent doit être placé dans des actifs à revenu fixe plus sûrs, de sorte que vous ne devez pas trop en ressentir les effets. Je parle d'actifs comme les obligations, les espèces, les comptes du marché monétaire, les comptes d'épargne et les rentes.

Seul un petit pourcentage doit être constitué d'actions. Si vous êtes un investisseur à long terme, continuez à vous en tenir à votre stratégie d'investissement, qui consiste à acheter régulièrement des placements chaque semaine, toutes les deux semaines ou même chaque mois.

Ce que vous faites s'appelle la **technique d'investissement programmé**. C'est lorsque vous investissez périodiquement un montant fixe en dollars pour acheter des placements. Si vous investissez par l'intermédiaire de votre employeur dans le régime 401k, vous participez déjà à la méthode de l'étalement des coûts, car l'argent qui est prélevé sur votre chèque est investi sur une base hebdomadaire, bihebdomadaire ou mensuelle, quelle que soit la situation du marché.

L'avantage de cette méthode est qu'elle vous débarrasse de vos émotions, car votre argent est investi dans les bons comme dans les mauvais moments. Ainsi, vous achetez des investissements alors qu'ils sont à la fois chers et bon marché, ce qui vous met hors jeu.

Le plus grand avantage d'investir pendant un effondrement du marché est que vous pouvez acheter des actions à bas prix. C'est comme si vous passiez par votre magasin de quartier et que vous voyiez que tout est en vente à au moins 40 % de réduction. Ainsi, les nouvelles chaussures noires que vous vouliez sont maintenant à 60% de réduction. Le nouveau MacBook que vous cherchez à acheter... 50% de réduction.

Je sais que la plupart des gens n'ont pas l'estomac pour acheter pendant un accident ; c'est à ce moment-là que la moyenne d'achat est votre ami indispensable. En vous permettant d'acheter des actions alors qu'elles sont bon marché, vous augmentez également vos intérêts composés, c'est-à-dire les intérêts que vous avez reçus sur le montant de votre investissement initial, qui sont composés des derniers intérêts que vous venez de recevoir.

En d'autres termes, vous gagnez des intérêts sur vos intérêts.

Alors que tout le monde autour de vous panique en vendant à perte et en perdant ses investissements, vous achetez calmement plus d'actifs en faisant une moyenne des coûts en dollars et en sous-évaluant les actions individuelles à un prix abordable et vous les conservez à long terme.

Par ailleurs, veillez à conserver vos actions qui versent des dividendes, car ces sociétés sont pour la plupart des leaders bien établis sur le marché. En cas de chute, elles ont tendance à rebondir plus rapidement que les actions ne versant pas de dividendes, comme la plupart des entreprises technologiques.

Le dividende que vous recevez de ces sociétés sert également de coussin pour atténuer le choc de la crise ; des sociétés comme McDonald's, Pepsi et Nike ont continué à verser des dividendes même pendant la crise immobilière de 2008-2009.

Examinons deux exemples de krachs boursiers. Le premier exemple est le krach de 1929 qui a conduit à la Grande Dépression. Différents banquiers, sociétés d'investissement et négociants ont participé à la manipulation des marchés en achetant de grandes quantités d'actions fortement surévaluées et en les vendant ensuite à des investisseurs de détail insoupçonnés. Des investisseurs comme vous et moi.

Comme ces entreprises achetaient un grand nombre d'actions, elles faisaient constamment grimper le prix des actions. Les investisseurs individuels ont vu le prix de leurs actions monter en flèche et ont continué à en acheter davantage parce qu'il n'y avait pas de limite, pensaient-ils.

Ils ont même ouvert des **comptes sur marge** leur permettant d'investir avec de l'argent emprunté, offert par leurs sociétés de courtage. La plupart des investisseurs institutionnels ont récolté leurs fruits et se sont retirés du marché, laissant les investisseurs individuels avec des actions surévaluées.

Lorsque la baisse s'est produite, tout est allé vite. Non seulement les gens ont perdu de l'argent, parce qu'ils ont été frappés par **l'appel de marge** pour rembourser l'argent emprunté, mais ils ont aussi perdu leur emploi, leur patrimoine de retraite (qui était bien sûr investi en bourse), et beaucoup de gens ont perdu la tête.

Le second effondrement que nous examinerons est celui des dotcoms au début des années 2000. La bulle Internet était **basée sur la pure spéculation.** L'internet était ce nouvel objet brillant dont tout le monde voulait se débarrasser. Tout le monde et leur grand-mère ont essayé de créer un site web, puis de le négocier sur le marché secondaire par le biais d'une introduction en bourse.

Beaucoup de ces entreprises n'ont jamais pu faire de bénéfices ou étaient dans le rouge, mais les gens ne s'en souciaient pas, les sites web étaient évalués en fonction du nombre de clics reçus ou du nombre de regards qu'ils pouvaient générer, au lieu d'utiliser les méthodes d'évaluation traditionnelles, comme les recettes et les dépenses.

Au plus fort de la bulle, tout s'est écroulé, comme un château de cartes. De nombreuses start-ups ont reçu des millions de fonds de capital-risque avec l'impossibilité de devenir aussi grandes, voire plus grandes, que les géants technologiques de l'époque comme Microsoft, Apple et Oracle.

Chapitre Cinq : Comment Gagner De L'argent En Bourse

Vous voulez donc gagner facilement de l'argent en bourse, mais vous ne savez pas par où commencer, comment agir ou vous essayez de savoir comment d'autres investisseurs prospères gagnent de l'argent.

Nous allons examiner les deux façons les plus simples dont les investisseurs ont pu s'enrichir en investissant en bourse. Et surtout, vous pouvez le faire aussi. Les deux moyens les plus courants pour les investisseurs de s'enrichir en Bourse sont les plus-values et les dividendes.

Les plus-values expliquées

Lorsque vous faites investir votre argent en bourse, la valeur de cet actif fluctue à la hausse et à la baisse. Lorsque votre argent, appelé aussi votre capital, augmente de valeur, vous venez de recevoir une **plus-value** et lorsqu'il diminue de valeur, on parle, vous l'avez deviné, d'une **perte en capital**.

Tant que votre argent est investi en bourse, il n'est **pas réalisé**. Il ne se réalise qu'une fois que vous avez vendu vos actions.

Prenons un exemple : vous décidez d'acheter 100 actions Nike à environ 65 dollars. Sans tenir compte des frais de transaction, vous avez fini par acheter 6 500 $. C'est également la valeur de votre capital en actions Nike.

Quelques jours plus tard, vous décidez de vérifier la performance de l'action. Vous constatez que le cours de l'action Nike est passé de 65 à 61 dollars et que votre capital a également baissé, passant de 6 500 à 6 100 dollars pour être exact.

Vous avez perdu 400 $, ce qui correspond à votre perte en capital. Mais vous avez réfléchi à ce chapitre et vous vous êtes souvenu qu'il s'agit d'une perte en capital non réalisée parce qu'elle est toujours stationnée à la bourse. Vous décidez d'attendre et après quelques jours supplémentaires, le cours de l'action est remonté à 65 dollars et vous êtes heureux d'avoir atteint le seuil de rentabilité.

Vous venez de réaliser votre première plus-value non réalisée et vous décidez de vendre vos actions Nike. Vous vendez la totalité de vos 100 actions au prix actuel de 72 dollars, ce qui vous permet de recevoir 7 200 dollars sur votre compte en espèces (frais de transfert non comptabilisés). En vendant, vous avez transformé votre gain non réalisé en une plus-value réalisée.

7 200 $ - 6 500 $ = 700 $, vous venez de réaliser un rapide gain de 700 $ sans faire de travail physique.

Maintenant, vous devez encore payer des impôts sur vos gains en capital selon le type de compte d'investissement que vous utilisiez et la tranche d'imposition dans laquelle vous vous trouvez.

Cette brève explication explique combien de day and swing traders et même d'investisseurs à long terme gagnent de l'argent. Ils analysent les graphiques des actions en examinant les indicateurs et les tendances pour décider quand acheter et vendre des actions.

Vous avez gagné rapidement 700 $ avec 100 Nike, mais si vous aviez acheté 1000 actions, votre bénéfice aurait été de 7 000 $!

Si vous avez de l'argent à revendre, que vous n'aimez pas prendre de risques et que vous avez du temps libre, vous pourriez gagner rapidement un joli penny en investissant dans les actions très risquées qui existent.

Dividendes

La deuxième méthode la plus courante pour les investisseurs consiste à gagner de l'argent grâce aux dividendes qu'ils reçoivent des actions qui en rapportent.

Restons sur l'exemple des actions Nike. Vous avez donc acheté 100 actions à 65 dollars, mais au lieu de les vendre pour réaliser une plus-value, vous avez décidé de les conserver pendant un an. Nike a versé quatre dividendes de 0,18 $ par action pendant l'année. Avec vos 100 actions, vous avez reçu 18 dollars par trimestre, soit 72 dollars au total.

L'avantage des dividendes est que ces paiements sont déposés sur votre compte en espèces ou que vous pouvez les réinvestir pour acheter d'autres actions entières ou des fractions d'actions. Ces actions entières ou fractions d'actions finissent également par vous verser des dividendes.

Les dividendes présentent également des inconvénients. L'argent que vous recevez sous forme de dividendes est généralement beaucoup moins élevé que celui que vous recevriez sous forme de plus-value. Les dividendes sont également une stratégie à long terme, ils ne permettent pas de s'enrichir rapidement. En outre, de nombreuses entreprises ne sont pas très enthousiastes à l'idée de verser des dividendes. Certaines réduisent constamment leurs versements de dividendes et d'autres les interrompent complètement en période de difficultés financières. Certaines entreprises n'augmentent jamais leurs versements de dividendes ou les augmentent après des années de versement du même montant.

J'aime les actions qui versent des dividendes, mais seulement celles de certaines entreprises. Je fais de la recherche fondamentale pour voir quelles entreprises valent la peine d'être achetées et j'ai également analysé l'historique de paiement des dividendes, en particulier en période de crise économique, car les entreprises qui peuvent encore verser un dividende croissant en cas de krach boursier sont des entreprises à surveiller.

Examinons cinq actions qui versent des dividendes et que vous devriez avoir sur votre liste de surveillance.

Numéro un : Nike - Ce détaillant de vêtements de sport vend ses produits dans le monde entier en se concentrant spécifiquement sur les athlètes. Cependant, la marque est toujours si populaire que même les types de vêtements non athlétiques sont aussi des vêtements Nike. Les produits qui rapportent le plus sont les chaussures, leur marque phare Jordan se vendant toujours comme des petits pains.

Numéro deux : la société Pepsi - De nombreux consommateurs pensent que la société Pepsi ne possède que la boisson, mais ils possèdent également des marques populaires telles que Frito-Lay et Quaker Foods. La Pepsi Company a fait un excellent travail en diversifiant son portefeuille de marques avec des biens de consommation de haute qualité.

Troisièmement : Coca-Cola - Cette société, qui est l'une des marques les plus reconnues dans le monde, possède de nombreuses autres marques en plus de la marque emblématique Coke, comme Minute Maid, Vitamin Water et Powerade.

Numéro quatre : Revenus immobiliers - Ce fonds de placement immobilier (REIT) a des locataires tels que Walgreens, FedEx et LA Fitness. Ils opèrent à l'échelle nationale et sont également diversifiés dans de nombreux secteurs. Ils versent également un dividende mensuel, ce qui en fait une société de dividendes préférée de nombreux investisseurs.

Numéro cinq : Fastenal - Cette entreprise assez ennuyeuse vend des fournitures industrielles et de construction. Même si Fastenal n'évolue pas dans un secteur aussi passionnant que celui de la technologie, elle compense par la constance avec laquelle elle apporte de la valeur à ses clients et à ses actionnaires.

Chapitre Six : Dividendes - Investir Pour Un Revenu Passif

Si vous voulez investir pour obtenir un revenu passif, ne cherchez pas plus loin que des actions qui versent des dividendes.

Nous parlerons de ce que sont les dividendes, des raisons pour lesquelles les entreprises les distribuent aux actionnaires et des avantages et inconvénients. À la fin, je vous donnerai quatre actions à dividendes intéressants à mettre sur votre liste de surveillance.

Les dividendes sont un excellent moyen de gagner un revenu régulier. Les entreprises versent des dividendes à leurs actionnaires tous les trimestres, mais certaines sociétés versent des dividendes mensuels, semestriels ou annuels.

Lorsque vous recevez un dividende, il est soit déposé sur votre **compte en espèces**, soit réinvesti pour acheter d'autres actions entières ou fractionnées. C'est ce qu'on appelle un plan de réinvestissement des dividendes ou **RDD**.

Le but ultime d'une stratégie de dividende est de recevoir des paiements de dividendes qui atteignent ou dépassent vos **revenus gagnés**. C'est à ce moment que vous pouvez prendre votre retraite et vivre des revenus de dividendes sans jamais avoir à vendre les actions sous-jacentes.

Il est également important que ces paiements de dividendes augmentent plus vite que l'inflation pour maintenir votre pouvoir d'achat.

Avez-vous besoin d'un million de dollars pour commencer à investir dans des actions qui versent des dividendes ? Bien sûr que non. Vous pouvez commencer par acheter une ou deux actions de sociétés qui versent des dividendes.

Toutefois, il est préférable d'avoir plus d'argent à investir, car vous obtiendrez davantage de revenus sous forme de dividendes. Plus vous possédez d'actions, plus vous recevrez de dividendes.

Par exemple, la société Coca-Cola verse un dividende trimestriel de 37 cents, ce qui représente un dollar et 48 cents par an.

C'est ce que vous recevriez si vous ne possédiez qu'une seule action Coke, mais si vous en possédiez 100, vous recevriez 148 dollars pour l'année.

Pour que vos dividendes aient un impact, il y a trois choses à prendre en compte.

La première est, bien sûr, d'acheter régulièrement des actions de dividende. Deuxièmement, les dividendes que vous recevez doivent être réinvestis ou utilisés pour acheter d'autres actions qui versent des dividendes et troisièmement, les entreprises dans lesquelles vous investissez doivent faire croître leurs dividendes plus rapidement que l'inflation chaque année.

Ces trois facteurs auront un effet boule de neige sur vos revenus en dividendes. Les entreprises qui versent des dividendes sont généralement des sociétés de premier ordre. Il s'agit de grandes entreprises bien établies. Ce sont les meilleures entreprises de leur secteur, des sociétés comme Walmart, 3M et Proctor & Gamble.

Comme ces entreprises sont bien établies, elles ont tendance à ne pas connaître une tonne de croissance, comme une jeune entreprise prospère.

Beaucoup de ces sociétés de premier ordre génèrent une tonne de liquidités, qu'elles finissent par verser sous forme de dividendes à leurs actionnaires.

Les actionnaires exigent ces dividendes des entreprises en guise de remboursement pour avoir investi et cru en l'entreprise, mais les dirigeants de l'entreprise bénéficient également du versement de dividendes, car ils se voient attribuer des actions et des options.

Supposons donc que vous ayez une entreprise locale prospère qui vend des glaces et que vous envisagiez de vous développer à l'échelle nationale. Vous avez besoin de plus de capitaux pour y parvenir. Vous entrez donc en contact avec des investisseurs qui investiront dans votre entreprise, mais ils veulent en être propriétaires sous forme d'actions.

Votre entreprise est cotée en bourse et, au bout de 15 ans, vous avez pu vous développer à l'échelle nationale. Votre entreprise se trouve à un point où sa croissance ralentit.

Vos investisseurs qui ont conservé ces actions veulent récupérer une partie de leur investissement. Vous décidez donc de verser des dividendes à vos investisseurs, afin qu'ils puissent utiliser leurs revenus de dividendes et les investir dans une nouvelle opportunité commerciale.

N'oubliez pas que toutes les entreprises ne versent pas de dividendes, car chaque entreprise passe par le cycle de vie de l'entreprise.

Business Life Cycle

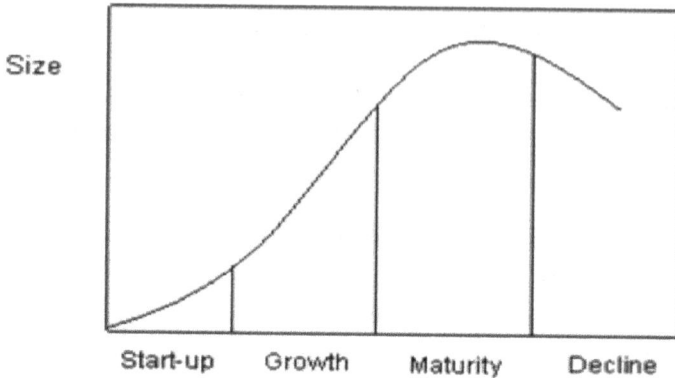

Size

Start-up   Growth   Maturity   Decline

Une entreprise démarre d'abord comme une idée dans l'esprit de son créateur. C'est dans cette phase de démarrage qu'il peut s'agir d'un petit groupe de personnes travaillant ensemble, croyant à l'idée du créateur.

C'est également à ce stade que les investisseurs en capital-risque et les investisseurs providentiels peuvent voir le potentiel de l'entreprise.

Après avoir réglé tous les problèmes et tiré les leçons de leurs erreurs, l'entreprise devrait avoir une clientèle. Elle peut maintenant entrer dans la phase de croissance. Dans cette phase, il y a encore une C'est également à ce moment qu'une entreprise peut décider de s'introduire en bourse et d'émettre des actions aux actionnaires potentiels.

Tous les revenus générés par une société sont réinvestis dans l'entreprise pour la faire croître davantage, pensez à des entreprises comme Snapchat.

Une entreprise atteint finalement le stade de la maturité où elle est bien établie et où elle est leader dans son domaine. C'est à ce stade du cycle que la plupart des entreprises commencent à verser des dividendes à leurs actionnaires, des sociétés comme Walmart Clorox, ExxonMobil et même Johnson & Johnson.

C'est bien d'être un leader sur son marché, mais si les entreprises ne font pas attention, elles peuvent basculer dans le cycle de déclin où leurs produits deviennent obsolètes, comme les walkmans ou les photos Polaroid.

Quelques-uns des avantages de l'investissement en dividendes :

Ils sont plus stables et cohérents que les gains en capital. Vous bénéficiez du paiement en espèces et aussi de l'augmentation du cours de l'action.

Comme ces entreprises sont considérées comme plus stables, elles ont tendance à mieux se comporter pendant le krach boursier, car les investisseurs vendent leurs actions plus risquées et se tournent vers des entreprises et des obligations plus sûres et plus stables pour investir.

Vous pouvez également planifier vos revenus de dividendes, ce qui est plus difficile à faire avec les gains en capital.

L'investissement en dividendes présente quelques inconvénients : les entreprises qui versent un dividende ont tendance à s'apprécier plus lentement en bourse. Les entreprises peuvent également réduire ou même cesser de verser un dividende et certaines entreprises ne font même pas croître leurs dividendes.

Il est donc important de n'investir que dans des sociétés qui versent des dividendes élevés, qui non seulement verseront des dividendes sains, mais qui ont aussi les capacités financières de les augmenter chaque année.

Examinons quatre de ces entreprises :

La première : Walmart - ce géant du commerce de détail possède des magasins dans le monde entier, ce qui permet à ses clients d'économiser de l'argent en proposant des produits à des prix compétitifs. Ces derniers temps, il s'est beaucoup plus concentré sur sa présence en ligne. Ils ont acheté jet.com et une société de livraison pour améliorer leur livraison le jour même.

Deuxièmement, ils ont acheté Jet.com et une société de livraison pour améliorer leur livraison le jour même : Lowe's - le deuxième plus grand détaillant de produits d'amélioration de l'habitat, avec bien sûr Home Depot en tête. Lowe's a fait un si bon travail dans son domaine, qu'il a pu verser un dividende en constante augmentation depuis plus de 50 ans !

Troisièmement : McDonald's - les arches dorées ont été traînées dans la boue, surtout avec la jeune génération qui se concentre davantage sur les aliments et les snacks plus sains. Cependant, McDonald's reste le numéro un de la restauration rapide et ce géant verse un dividende trimestriel.

Et numéro quatre : Fastenal - cette entreprise de forage fournit des outils et des équipements aux entreprises pour créer des produits, construire et entretenir des installations et vend également des produits de sécurité pour le personnel. Fastenal est non seulement une entreprise florissante, mais elle a également des clients réguliers. Rien n'est plus important pour une entreprise que d'avoir des clients qui reviennent constamment pour acheter vos produits.

Chapitre Sept : 90% Des Investisseurs Commettent Ces 5 Erreurs

Si vous faites une erreur, vous vous gratterez la tête et penserez à ce que vous avez fait de mal. Mais si vous faites d'autres erreurs, vous aurez certainement envie d'arrêter.

Je veux éviter que cela ne se produise en vous faisant connaître les cinq erreurs les plus courantes que commettent les investisseurs, afin que vous ne tombiez pas dans le panneau.

Numéro un : les soi-disant gourous de la finance ou de la bourse

Ce sont ces soi-disant personnalités qui vous disent quoi acheter et quand vendre. Elles peuvent aussi finir par crier leurs prédictions.

Vous devez toujours être prudent lorsque quelqu'un vous donne des conseils d'investissement. Parfois, des incitations financières entrent en jeu lorsqu'il s'agit de vous conseiller sur ce que vous devez acheter.

Remettez toujours en question les informations que vous recevez et le fait que votre gourou a dans son portefeuille les investissements qu'il vous présente. Les gourous savent comment exploiter les craintes et les émotions des gens pour les inciter à agir.

Suivre le troupeau est également très risqué. Au lieu de suivre un gourou, vous suivez tout le monde. Ainsi, si des membres de votre famille ou même des collègues de travail vous disent quoi acheter et vendre, vous les écoutez sans même faire vos recherches au préalable.

C'est très dangereux et c'est ainsi que les gens perdent leur argent, en écoutant les conseils les plus judicieux.

Vous ne voulez pas suivre le troupeau, ils sont facilement influençables et ils n'agissent sur les émotions que lorsqu'il s'agit d'investir en bourse. Le troupeau n'est pas du tout logique, et ils ne suivent que les dernières tendances dans l'espoir de s'enrichir rapidement.

Numéro 2 : ne pas être patient et s'attendre à devenir riche immédiatement

Les gens investissent en bourse pour s'enrichir, épargner pour leur retraite ou maintenir la richesse qu'ils ont accumulée. Si vous êtes impatient et que vous attendez des résultats trop tôt, vous serez déçu et vous risquerez de faire des erreurs.

Chacun d'entre nous a entendu des histoires d'investisseurs qui ont gagné des millions grâce à de petits investissements. La plupart de ces histoires sont des anomalies, car la grande majorité des investisseurs doivent investir à long terme pour voir leurs investissements réaliser des gains importants.

Bien sûr, il est possible de gagner une tonne d'argent rapidement, mais c'est aussi très risqué. Plus votre investissement est risqué, plus le rendement potentiel peut être élevé, mais il peut aussi entraîner votre perte.

Numéro 3 : ne pas apprécier le processus d'investissement

Il n'est pas nécessaire d'être passionné par l'investissement pour qu'il joue en votre faveur, mais il faut avoir un certain intérêt à investir. Si l'idée de faire votre devoir de diligence pour

décider dans quelles entreprises investir ne suscite pas votre intérêt, alors il est préférable d'investir passivement, c'est-à-dire en investissant dans des fonds communs de placement, des ETF ou des fonds indiciels.

Il n'y a absolument rien de mal à être un investisseur passif et c'est également recommandé aux investisseurs débutants.

C'est ainsi que j'ai commencé, en investissant dans des fonds communs de placement, des obligations et des fonds indiciels. J'ai rapidement appris qu'il n'était pas trop difficile d'investir et j'ai trouvé cela plutôt intéressant. Je suis ensuite passé d'un statut d'investisseur passif à un statut d'investisseur actif, en faisant des recherches sur les entreprises dans lesquelles je souhaite investir, en les achetant lorsqu'elles sont sous-évaluées et en m'assurant que ma répartition des actifs est à jour.

Quatrième point : abandonner trop tôt sur le marché

Beaucoup d'entre nous ont eu une mauvaise expérience avec le marché ou connaissent quelqu'un qui en a eu une.

Les effondrements boursiers sont beaucoup trop fréquents, ce qui déçoit, frustre et stresse les investisseurs.

De nombreux investisseurs se font également arnaquer pour investir dans des sociétés douteuses, qui finissent par s'effondrer en bourse. Comme mon père, qui a été contacté par une société d'investissement pour investir dans ce fonds commun de placement en pleine croissance.

Il a fini par perdre tout son argent et a juré de ne plus jamais investir. Heureusement, j'ai pu lui montrer ses erreurs et il est devenu un investisseur avide. Je dois l'empêcher d'acheter trop d'actions, surtout lorsqu'elles sont surévaluées.

Si vous êtes prêt à abandonner, **ne le faites pas** ! Essayez de comprendre ce que vous avez fait de mal et demandez de l'aide si vous en avez besoin. Le marché boursier reste l'un des meilleurs moyens de se constituer une richesse.

Numéro 5 : se lancer sans but

Les objectifs sont votre feuille de route vers le succès. Sans carte, vous ne pourrez jamais atteindre votre destination. Imaginez que vous voyagez du Kansas à New York sans carte. Vous aurez une expérience de voyage beaucoup plus agréable avec votre carte à votre portée.

Cela vaut également pour les investissements. Vous devez avoir un objectif. Prévoyez-vous de gagner votre vie en faisant du commerce de jour ? Ou voulez-vous investir dans des actions à un penny ? Peut-être que votre horizon d'investissement n'est que de 10 ans.

Ces éléments influenceront votre stratégie d'investissement. Il est normal de commencer et de tester les eaux sans avoir de plan au départ. Mais vous découvrez rapidement qu'il vous faut un objectif à long terme qui aura un impact majeur sur votre allocation d'actifs.

Chapitre Huit : Cinq Mensonges Qu'on Vous a Racontés Sur Les Investissements

Il y a beaucoup de mensonges que l'on raconte aux gens sur l'investissement. Certains de ces mensonges sont le fruit d'une réflexion personnelle. On a menti aux gens parce que la personne qui raconte ce mensonge ne sait pas mieux ou qu'elle a échoué elle-même et ne veut pas vous voir échouer.

D'autres personnes ont réussi et ne veulent pas vous voir atteindre vos objectifs. Nous allons donc maintenant démystifier cinq mensonges qui vous ont été racontés sur l'investissement.

Numéro un : vous devez être millionnaire ou avoir beaucoup d'argent pour commencer à investir

Ce n'est pas du tout vrai à notre époque. Oui, dans le passé, les marchés boursiers étaient réservés aux riches et aux nantis, mais les portes nous ont été ouvertes, à nous les gens du commun, il y a bien longtemps.

Grâce à l'investissement sur Internet, la bourse est beaucoup plus accessible aujourd'hui. Vous pouvez acheter et vendre des actions dans le confort de votre salon ou de votre chambre à coucher. Les courtiers à escompte ont également rendu l'achat et la vente d'actions très abordables. Auparavant, vous deviez payer des centaines de dollars juste pour acheter ou vendre des actions. Aujourd'hui, votre commission peut être aussi basse que 4,99 dollars ou même gratuite si vous utilisez une application comme **Robinhood**.

Vous n'avez pas non plus besoin de milliers de dollars pour acheter des actions. Vous pouvez commencer par acheter une seule action d'une société comme Coca-Cola, dont le cours actuel est de 46 dollars.

Il est également préférable de commencer avec un peu d'argent plutôt que d'investir un million de dollars dès le départ. La raison en est qu'avec de petites sommes d'argent, vous pouvez expérimenter et vous amuser tout en apprenant les tenants et aboutissants du marché.

Imaginez que vous investissez pour la première fois avec un million de dollars ; vous seriez probablement trop effrayé ou trop prudent avec cet argent en espérant ne pas perdre un seul centime sur le marché.

Numéro 2 : Je n'ai pas assez ou ne gagne pas assez d'argent pour commencer à investir

Celui-ci est la suite du dernier mensonge. Toute petite somme d'argent que vous pouvez mettre de côté vous aidera, même si ce n'est que 10 dollars par semaine. Ces 10 dollars s'ajoutent à 520 dollars d'ici la fin de l'année et vous pouvez commencer à investir avec 520 dollars. Commencez à épargner pour investir maintenant et votre avenir vous en remerciera.

Regardez où vous pourriez économiser quelques dollars pendant la semaine. Cela pourrait signifier manger moins au restaurant pendant la semaine ou un voyage de moins au Starbucks par semaine. Si vous aimez Starbucks, bien sûr.

Un changement de mentalité fera des merveilles. Au lieu de dire que je n'ai pas 10 dollars de côté, changez de question : comment puis-je économiser 10 dollars par semaine ? Vous passerez votre subconscient à la vitesse supérieure et avant même de vous en rendre compte, vous finirez par économiser encore plus que 10 dollars par semaine.

Numéro 3 : investissez maintenant parce qu'à long terme, le marché a toujours enregistré un rendement de 7 %.

La troisième est une question délicate. Vous entendrez des conseillers financiers et même des personnes dans les médias dire celle-ci. La raison pour laquelle vous devez être prudent avec celui-ci est que l'avenir est imprévisible.

Personne ne peut prédire ce que le marché fera ou ce qu'il rapportera au cours d'une année donnée. Si le marché a augmenté de 10 % l'année dernière, cela ne signifie pas qu'il augmentera encore de 10 % à l'avenir. En revanche, rester à l'écart, parce que vous ne savez pas ce que le marché fera, est risqué en soi.

Les gens parlent généralement de rendements à long terme pour vous rassurer et vous inciter à investir. Si vous restez à l'écart, non seulement votre argent ne croîtra pas, mais il perdra son pouvoir d'achat en raison de l'inflation annuelle.

Quatrième point : Je n'investis pas parce que le marché boursier est trop risqué

Celui-ci se poursuit bien avec le mensonge numéro 3. Oui, si vous n'avez pas au moins quelques connaissances de base en matière d'investissement, ce sera trop risqué, mais avec l'aide de planificateurs et de conseillers financiers, il n'y a pas lieu d'avoir peur. De plus, de nombreux investisseurs s'instruisent eux-mêmes en lisant des livres sur les investissements et en écoutant des livres audio.

N'oubliez pas que tout ce que vous faites comporte des risques. Si vous ne voulez pas investir et que vous préférez garder l'argent sous votre matelas, vous vous exposez à des cambrioleurs, à des incendies de maison ou même à votre chien qui pourrait finir par manger ou déchiqueter votre argent.

Si vous pensez que laisser votre argent à la banque ou sur votre compte d'épargne est la bonne solution, détrompez-vous. Avec le maigre 1 % ou moins d'intérêts que vous gagnez, le pouvoir d'achat de votre argent est rongé par l'inflation.

Si l'inflation est en moyenne de 3 % par an, un dollar aujourd'hui vaut 3 % de moins l'année prochaine, soit 0,97 $.

Numéro 5 : Vous devez être un expert pour commencer à investir

Il faut en effet avoir quelques connaissances de base sur le fonctionnement de la bourse, mais il n'est pas nécessaire d'être Warren Buffett pour s'y lancer. Instruisez-vous en lisant des livres (celui-ci est un excellent début).

Une fois que vous aurez pris confiance en vous, vous pourrez commencer par investir une petite somme d'argent. De l'argent que vous n'auriez pas peur de perdre. En investissant une petite somme, vous vous préparez psychologiquement à la croissance, car une fois que vous aurez vu vos investissements croître, vous aurez la confiance et les connaissances nécessaires pour investir davantage, de manière responsable bien sûr. J'espère avoir réussi à vous motiver en démystifiant certains des mensonges les plus courants que j'entends souvent dire aux investisseurs avides.

Chapitre Neuf : 25 Conseils Pour Investir En Bourse

Avant de commencer à investir, vous pourriez avoir quelques questions ou préoccupations. J'ai énuméré 25 des choses les plus courantes que j'ai remarquées chez les nouveaux investisseurs et comment s'y prendre pour réussir. Commençons !

Écrivez vos objectifs

Si vous ne savez pas où vous allez, il n'est même pas nécessaire de commencer. Assurez-vous de mettre par écrit vos objectifs d'investissement et d'être précis dans le temps.

Vous voulez avoir 500 000 dollars sur votre compte de retraite dans 15 ans ? Ou voulez-vous avoir 1 million de dollars dans 10 ans ?

Quelle sera votre stratégie d'investissement pour acquérir cette richesse ? Et quelle sera la composition de votre portefeuille de titres ? Votre portefeuille sera-t-il composé de 70 % d'actions, 25 % d'obligations et 5 % de liquidités ?

En écrivant vos objectifs, vous aurez une idée plus précise de ce que vous voulez accomplir et de la manière de le faire.

Commencez à investir tôt

Plus vous commencez à investir tôt, plus vite non seulement votre argent fructifiera, mais vous pourrez également prendre votre retraite plus rapidement (en fonction de votre objectif financier).

À quelle date devriez-vous commencer ? Lorsque vous aurez votre tout premier emploi. Peu importe qu'il s'agisse d'un emploi dans le commerce de détail ou d'un emploi de serveur dans un restaurant. Vous voulez prendre l'habitude de penser à votre avenir dès maintenant et de mettre de l'argent de côté pour l'investir, afin de ne pas avoir à travailler pour le reste de votre vie.

Commencer à investir à un stade précoce de votre vie présente également l'avantage de voir votre argent fructifier, ce qui vous donnera la confiance nécessaire pour investir encore plus.

L'inflation dévore votre argent

Vous pourriez vous abstenir d'investir en bourse parce que vous avez entendu dire à quel point cela peut être risqué et combien de personnes y ont perdu beaucoup d'argent.

Mais garder votre argent sous votre matelas ou même sur un compte d'épargne est également très risqué, à cause de l'inflation.

L'inflation est l'augmentation du coût des biens qui fait baisser la valeur de l'argent. Une barre de chocolat aujourd'hui peut coûter 1 $, mais l'année prochaine, elle pourrait coûter 1,05 $. Le même dollar que vous avez aujourd'hui ne vaut donc plus rien à l'avenir, car son **pouvoir d'achat diminue**.

La bourse permet à votre argent non seulement de conserver son pouvoir d'achat, mais aussi de croître plus vite que l'inflation.

Faites vos recherches

Il est non seulement bon mais nécessaire de faire des recherches pour savoir dans quelles entreprises et sociétés vous investissez en bourse. Presque tout ce que vous devez savoir sur les différentes actions, obligations et fonds communs de placement est disponible gratuitement sur l'internet. Je m'abstiendrais de payer de l'argent pour obtenir des informations boursières.

La dernière chose que vous souhaitez est d'investir dans une escroquerie ou une entreprise qui perd de l'argent et ne fait pas de bénéfices, ce qui pourrait vous faire perdre de l'argent à long terme. Cela arrive à beaucoup d'investisseurs peu méfiants.

Pour commencer à faire vos recherches, il vous suffirait d'avoir le symbole de votre investissement sur le téléscripteur. Un symbole au téléscripteur est l'abréviation de la société, du fonds commun de placement, du fonds indiciel, de l'obligation, etc. Vous pouvez ensuite utiliser un site comme Morningstar.com pour faire vos recherches.

Créez vos propres règles

De bonnes règles en matière d'investissement vous donnent des limites pour travailler. Si vous avez pour règle de ne pas investir dans une entreprise sans avoir au préalable effectué des recherches sur celle-ci, vous vous épargnerez une tonne de maux de tête.

Personne ne pourra vous escroquer avec des tuyaux sur les actions vedettes qu'il a entendues dans les médias. C'est ainsi que de nombreuses personnes se font escroquer et embobiner.

De bonnes règles vous donnent un certain niveau de confiance lorsque vous investissez. Elles vous donnent un coup de pouce supplémentaire lorsque vous hésitez à acheter de nouvelles actions ou à investir. Elles vous donnent une structure et un plan d'action auxquels vous pouvez vous tenir.

Vous pouvez commencer par des règles simples et en ajouter d'autres plus complexes lorsque vous aurez acquis plus d'expérience en matière d'investissement.

Exemple de règles :

60 % de mon portefeuille d'investissement sera composé d'actions

Je n'investirai que dans des entreprises qui ont pu augmenter leurs bénéfices d'au moins 5 % au cours des dix dernières années.

Je rééquilibrerai mon portefeuille chaque année.

N'écoutez pas tout le monde

Méfiez-vous de ceux qui vous conseillent. Certaines personnes, notamment dans les médias, reçoivent des incitations financières pour vous dire dans quoi investir.

De même, votre famille et vos amis pourraient vous donner de mauvais conseils en matière d'investissement s'ils ont entendu parler d'un "tuyau sur les actions" à leur travail sans avoir fait de recherches au préalable.

N'oubliez pas que ce n'est pas parce que vous avez entendu parler d'une entreprise populaire ou que vous utilisez ses produits que cela peut être un bon investissement.

De nombreuses entreprises du marché boursier ne réalisent jamais de bénéfices. Une entreprise populaire, comme Tesla qui se négocie en bourse sous le symbole TSLA, n'est toujours pas rentable. Même si elle réalise des recettes de plus en plus importantes, son revenu net est toujours dans le rouge.

S'informer en permanence

Je me suis toujours dit que si vous n'êtes pas instruit sur un sujet comme l'investissement, alors les gens vont probablement profiter de vous. Il est très facile d'ouvrir un compte d'investissement auprès d'une grande banque ou même un compte de retraite à votre travail. Mais vous devez savoir quelles sont vos options d'investissement, dans quoi vous allez investir et quels types de frais vous allez payer.

Si vous ne savez pas quels frais vous devrez payer, cela pourrait vous coûter des milliers, voire des centaines de milliers, au cours de votre parcours d'investissement.

Vous devez également avoir une connaissance de base du fonctionnement des actions, des obligations, des fonds communs de placement, des fonds indiciels et des autres instruments d'investissement. Voir les trois exemples ci-dessous :

Lorsque vous achetez une action ou une part, vous devenez propriétaire d'une entreprise. Les grandes entreprises comme Apple ont des milliards d'actions en circulation. Ainsi, lorsque vous achetez seulement une ou deux actions, vous ne possédez qu'une toute petite partie de l'entreprise.

Les obligations sont comme des reconnaissances de dette qu'une entreprise ou une entité gouvernementale vous remet après l'achat de l'obligation. Lorsque vous achetez une obligation, vous concluez un contrat juridique qui stipule que non seulement vous serez remboursé, mais que vous recevrez également de fréquents paiements d'intérêts.

Un fonds commun de placement est un fonds qui met en commun l'argent de différents investisseurs et l'investit dans une variété de titres.

Avoir de l'épargne

Ayez toujours un peu d'argent de côté pour les urgences. N'investissez jamais tout votre argent. Vous risquez toujours de perdre tout l'argent que vous avez investi.

Assurez-vous d'avoir un peu d'argent de côté pour les urgences, le logement, les divertissements/la nourriture, le lancement de votre propre entreprise et l'université.

N'oubliez pas que la vie n'est pas prévisible, que votre voiture peut tomber en panne ou que vous pouvez avoir un accident qui vous coûtera cher en frais médicaux. Vous ne pouvez jamais être préparé, mais vous pouvez mettre de l'argent de côté.

Diversifiez vos investissements

N'investissez pas tout votre argent durement gagné dans une seule entreprise. C'est extrêmement risqué, sauf si vous êtes du genre à prendre des risques (gros risque, grosse récompense).

Assurez-vous que l'argent que vous investissez est diversifié, c'est-à-dire que vous n'avez pas tout votre argent investi dans une seule action. Un fonds commun de placement pourrait être une bonne solution pour vous.

Les fonds communs de placement vous permettent de mettre votre argent en commun avec d'autres investisseurs et de l'investir dans une variété de titres.

Il y a une ou deux décennies, une société du nom d'Enron a fait faillite après qu'on ait découvert qu'elle mentait sur ses revenus et ses bénéfices. De nombreux employés d'Enron avaient investi tout leur argent de retraite dans la société. Lorsque Enron a fait faillite, de nombreux employés ont fini par perdre leur revenu de retraite, également. Imaginez que vous ayez la cinquantaine et que votre investissement parte en fumée.

C'est pourquoi il est toujours judicieux de se diversifier.

Ne soyez pas émotif

Investir peut être un véritable tour de montagnes russes émotionnelles. Les hauts et les bas quotidiens de la bourse peuvent facilement vous rendre fou. Une façon de surmonter cette peur est d'investir dans ce en quoi vous avez confiance.

Cette confiance vient avec la connaissance, la patience et le temps. Savoir et accepter qu'investir comporte des risques et que vous pourriez perdre de l'argent vous prépare mentalement à toute baisse que vous pourriez voir sur le marché boursier.

Ne comptez pas sur la chance et les miracles

Si vous considérez la bourse comme votre moyen de vous enrichir rapidement, vous risquez de vous mettre en situation d'échec. Ne vous méprenez pas, il est possible de prendre 10 000 dollars, de les investir et de les transformer en millions parce que cela a déjà été fait auparavant.

Mais cette stratégie d'investissement est extrêmement risquée et la plupart des gens sont mieux équipés pour gérer mentalement le processus plus long et plus lent de l'enrichissement.

Supposez que vous pouvez tout perdre

Si je peux tout perdre, pourquoi investir en premier lieu ? Eh bien, il y a une raison pour laquelle j'ai ajouté ce conseil. Tout d'abord, vous n'êtes pas censé avoir tout votre argent en bourse.

Lorsque vous êtes jeune, vous pouvez prendre plus de risques, car vous pouvez rebondir après des pertes antérieures. Mais lorsque vous êtes à l'âge de la retraite, vous devriez penser à investir dans des titres plus conservateurs qui n'augmenteront peut-être pas aussi vite que les actions, mais qui empêcheront votre argent de s'épuiser.

Deux de ces titres sont des obligations et des rentes.

Faites des économies d'échelle

Outre le fait d'avoir un emploi ou une carrière et vos investissements, que faites-vous d'autre pour apporter un peu d'argent supplémentaire ? Dans la société actuelle, la sécurité de l'emploi est au plus bas et de nombreuses personnes sont soit au chômage, soit sous-employées, soit travaillent à temps partiel pour payer les factures.

Il est dans votre intérêt d'avoir des flux d'argent supplémentaires. Vous pouvez travailler à temps partiel pour gagner un peu d'argent supplémentaire, mais il faut surtout penser aux investissements immobiliers, aux actions à dividendes, aux redevances (par exemple, sur les ventes de livres) et à votre propre entreprise.

Si vous avez une passion, comme la photographie, le dessin ou le montage vidéo, vous pourriez faire du travail indépendant en parallèle et éventuellement le transformer en entreprise à temps plein. Gardez toujours l'œil ouvert pour les opportunités.

Le meilleur moment pour commencer est maintenant

Je reçois toujours des plaintes de personnes âgées qui se plaignent d'avoir raté le coche et d'être trop vieilles pour commencer à investir. Ce n'est pas vrai du tout, peu importe que vous ayez 20 ou 50 ans, il est très important d'investir, même si vous commencez avec un petit montant.

Il y a toujours une possibilité de gagner de l'argent à la bourse. Toutefois, cela ne signifie pas que vous devez commencer à faire des opérations sur la journée avec l'argent que vous avez investi si vous êtes plus âgé pour "rattraper". Ce n'est qu'une recette pour le désastre, car vous serez bien trop impliqué émotionnellement pour faire les bons choix de trading.

Investissement en dividendes

Je vais vous confier un petit secret. Je n'investis que dans des sociétés qui versent des dividendes et qui les augmentent plus vite que l'inflation.

Les dividendes sont les bénéfices qu'une entreprise verse à ses actionnaires. Pour toucher un dividende, vous devez posséder au moins une action d'une société qui verse des dividendes.

Non seulement ces dividendes augmentent ma richesse au fil du temps, mais ils me procurent aussi une certaine tranquillité d'esprit, grâce à leur flux de revenus régulier.

Non seulement je profite du dividende, mais je vois aussi la valeur de mes actions augmenter. Désormais, je n'achète ces actions que lorsqu'elles sont **sous-évaluées**, ce qui signifie qu'elles se négocient en dessous de leur valeur marchande.

Voici quelques exemples : Revenus immobiliers, McDonalds, prix TROWE

Investir dans la croissance

Un investisseur de croissance est un investisseur qui aime acheter à bas prix et voir ses investissements croître. Il finit par vendre à un prix supérieur à celui pour lequel il a acheté son investissement. La majorité des investisseurs sont des investisseurs de croissance.

Les actions technologiques sont de bonnes valeurs à surveiller car leur valeur a tendance à augmenter très rapidement.

Voici quelques exemples : Facebook, Oracle, Microsoft

Commencer petit

L'une des plaintes que j'entends est que les gens me disent : "Si seulement j'avais un million de dollars, je pourrais commencer à investir".

Non seulement ce n'est pas vrai, parce que vous pouvez commencer à investir avec seulement 10 dollars, mais il est également recommandé de commencer petit.

La principale raison de commencer petit est de se sentir à l'aise pour investir. Si vous avez commencé en investissant seulement, disons 100 dollars, et que vous voyez votre argent monter et descendre constamment, il est amusant de regarder quotidiennement la performance de vos investissements.

Vous commencerez également à acquérir la confiance et les connaissances nécessaires pour investir plus intelligemment, ce qui vous amènera à investir des montants plus importants.

Voyons maintenant ce qu'il en est de l'autre côté. Supposons que vous ayez hérité d'un million de dollars et que vous ayez la tâche d'investir cet argent. Vous n'avez jamais investi auparavant, car vous vous êtes toujours dit qu'il vous fallait plus d'argent et vous l'avez enfin.

Devinez quoi, vous aurez trop peur pour investir un million de dollars. Vous n'avez pas l'expertise et le savoir-faire.

Si vous avez commencé à investir de petites sommes pendant des années et que vous avez soudain reçu ce million de dollars sur vos genoux, vous aurez la confiance nécessaire pour investir cette somme, car vous avez déjà vu ce qui fonctionne et ce qui ne fonctionne pas pendant que vous investissiez de petites sommes.

Vivez votre vie

Ne laissez jamais la bourse contrôler votre vie quotidienne. Les hauts et les bas quotidiens du marché touchent de nombreux investisseurs. Lorsque le marché est à son plus haut niveau, les investisseurs se sentent bien, se rendent au travail de bonne humeur et s'endorment l'esprit clair.

Mais lorsque le marché s'effondre, beaucoup d'investisseurs ont l'impression de recevoir un coup de pied au ventre. Ils sont tristes, en colère, irrités et de très mauvaise humeur.

Aussi, ne devenez pas si frugal que vous ne voulez investir tout votre argent qu'à la bourse et dites-vous que vous aurez une vie agréable à la retraite.

Si vous voulez partir en vacances ou vous acheter quelque chose d'agréable, allez-y, faites-le.

Tenez-vous en à ce qui vous met à l'aise

Chacun a sa zone de confort lorsqu'il s'agit d'investir. Certaines personnes prennent des risques et feraient bien d'investir dans des actions à un penny ou dans le day trading. D'autres sont plus conservateurs et préfèrent investir dans des titres qui ne sont pas trop risqués et qui leur permettent de préserver leur patrimoine.

Tenez-vous toujours à ce qui vous convient le mieux. Si vous n'aimez pas analyser et choisir des actions individuelles pour investir, il est probablement préférable d'investir dans des fonds communs de placement ou des fonds indiciels.

Si vous préférez ne pas investir par vous-même et que vous avez besoin d'aide, une société d'investissement qui offre un service de courtage complet est probablement la meilleure solution pour vous.

Veillez à toujours vous efforcer d'en savoir plus sur les investissements, car au bout du compte, c'est votre argent et vous êtes responsable en dernier ressort de votre retraite.

Amusez-vous bien

Je serai le premier à vous dire qu'investir peut devenir assez ennuyeux et inintéressant. Certaines personnes n'aiment tout simplement pas analyser les entreprises et regarder les chiffres financiers.

Vous devriez essayer de déterminer ce que vous aimez le plus dans l'investissement et de vous concentrer sur ce point précis.

Peut-être aimez-vous voir votre argent fructifier, ou peut-être aimez-vous voir vos revenus de dividendes augmenter d'un mois à l'autre, ou peut-être aimez-vous aussi d'autres moyens de gagner de l'argent, comme la vente à découvert ou la négociation d'options. Quoi qu'il en soit, essayez de vous amuser en investissant

Utiliser la technologie à votre avantage

Nous avons beaucoup de chance de pouvoir utiliser nos ordinateurs portables ou même un petit appareil comme notre téléphone portable pour acheter des investissements ou faire des recherches sur les actions. Les progrès de la technologie ont également rendu l'achat d'investissements très abordable et rapide.

Cela signifie que vous pouvez négocier des actions, où que vous soyez dans le monde. Tout ce dont vous avez besoin, c'est d'une connexion internet.

Autrefois, vous deviez appeler votre courtier et payer une commission très élevée pour passer un ordre. Aujourd'hui, vous disposez d'applications, comme Robinhood, qui sont sans commission.

Vous n'avez pas non plus à ouvrir un compte de courtage complet. Vous pouvez faire appel à un courtier à escompte, comme Ally.com, qui a des frais de transaction peu élevés.

Étudier les grands

Warren Buffett, Benjamin Graham, Charlie Munger ?
Assurez-vous de lire des livres sur l'investissement des
milliardaires, sur la façon dont ils ont amassé toutes leurs
richesses et sur ce qu'ils font pour les entretenir.

Cela vous permettra de vous faire une idée de la façon
dont les très riches pensent et se conduisent. Cela vous
montrera également comment certains ont transformé de
petites sommes d'argent en grandes richesses. Tout le
monde aime les histoires de chiffons et de richesses.

Ne tombez pas amoureux de vos investissements

Tout investissement sera vendu s'il ne donne pas les
résultats escomptés. C'est l'une de mes règles. Je ne
mélange pas mes sentiments personnels avec
l'investissement.

C'est amusant de dire à votre famille et à vos amis que
vous possédez des actions Disney ou même Pepsi, mais si
ces actions ne me rapportent rien, je finis par les vendre.

C'est pourquoi j'aime analyser les finances d'une entreprise
(rapports annuels), pour voir si elles sont toujours saines

Sachez dans quoi vous investissez

Avant de suivre les conseils de qui que ce soit, en
particulier d'un planificateur financier, assurez-vous de
savoir dans quoi vous investissez. Il existe de nombreux
escrocs qui n'aiment rien de plus qu'une personne
ignorante dont ils peuvent tirer profit en utilisant certains
termes du secteur pour paraître bien informés sur le sujet.

Si vous investissez dans un fonds commun de placement ou même un ETF, assurez-vous d'obtenir le symbole de cette entité pour faire des recherches sur les entreprises dans lesquelles vous investissez.

Certains investisseurs n'aiment pas investir dans des sociétés d'armement ou des prisons, mais si vous investissez dans des fonds indiciels populaires, il est plus que probable que vous investissiez également dans ces institutions. Par ailleurs, si une entreprise ne se conduit pas de manière éthique, souhaiteriez-vous quand même investir dans ces entreprises ?

Enfreindre les règles

Je vous ai juste dit de créer vos règles et maintenant je vous dis déjà de les enfreindre ? Oui, voici pourquoi. Vous devriez toujours expérimenter votre stratégie d'investissement. C'est bien d'avoir des règles, mais il se peut que vous deviez les enfreindre de temps en temps.

Investir doit être amusant et si vous êtes tenu à des règles rigides, cela pourrait devenir très vite ennuyeux. L'astuce consiste à enfreindre les règles, mais en prenant de petits risques.

Par exemple, vous voulez commencer à investir dans la cryptocouronne, mais vous avez pour règle de ne pas investir dans des titres à haut risque.

Vous avez l'intuition que vous vous en sortirez bien avec cet investissement. Allez-y et achetez une petite quantité de cryptocurrency. N'investissez pas tout votre argent dans l'achat de cette monnaie, qui représente 50 % de votre portefeuille.

Partagez vos connaissances

Une fois que vous avez acquis des connaissances en matière d'investissement boursier, que vous avez vos règles d'or et que vous avez confiance en vos compétences, vous devez partager vos connaissances avec les autres.

Vous pouvez commencer par former votre famille et vos amis pour qu'ils se sentent à l'aise avec les placements.

Il est surprenant de constater que les idées fausses sur les investissements sont nombreuses et que de nombreuses personnes ont été brûlées à plusieurs reprises en investissant dans de mauvaises actions. Cela finit généralement par les marquer à vie et ils ne poseront plus la main sur aucun investissement.

C'est ici que vous pouvez entrer en scène et leur montrer comment vous avez réussi à investir.

Croyez-moi, cela fait du bien de pouvoir aider un membre de sa famille et d'assurer son avenir financier. Parler aux gens de votre expérience en matière d'investissement vous permettra également de rencontrer des investisseurs partageant les mêmes idées et qui vous permettront d'améliorer vos compétences en matière d'investissement.

Ressources

Vous trouverez ci-dessous une liste de sources Internet gratuites que vous pouvez utiliser pour vos recherches :

Morningstar.com

Gurufocus.com

StockCharts.com

Finviz.com

Finance.Yahoo.com

Google.com/Finance

N'oubliez pas de n'utiliser que la version gratuite.

Chapitre Dix : Idées De Revenus Résiduels (Chapitre Bonus)

Examinons trois méthodes permettant d'obtenir un revenu résiduel qui vous permettra d'atteindre la liberté financière.

Si vous mourez d'envie de quitter votre emploi, de vivre la vie que vous méritez ou si vous voulez simplement avoir plus de liberté pour faire ce que vous voulez, alors ce chapitre vous plaira. Le revenu résiduel est un revenu que vous générez passivement. Ainsi, l'argent continue à vous parvenir, que vous ne travailliez pas ou que vous ne dormiez pas.

Je ne vais pas vous mentir et vous dire qu'il est facile d'obtenir un flux de revenus résiduels, mais cela en vaut la peine. Parce qu'une fois que vous avez ce revenu résiduel, vous n'avez plus qu'à l'entretenir passivement.

Les entreprises en ligne

La première méthode pour obtenir un revenu résiduel consiste à exploiter une entreprise en ligne. Il peut s'agir de gagner de l'argent grâce à la publicité pendant que vous bloguez ou de gagner de l'argent grâce à votre chaîne YouTube. Vous pouvez aussi créer votre site de commerce électronique ou vendre les produits d'autres entreprises et toucher une commission, ce que l'on appelle aussi le marketing d'affiliation.

Une autre façon populaire de gagner un revenu résiduel est de recevoir des chèques de redevances en vendant des livres physiques, des livres électroniques, de la musique ou des photos. Même si vous pouvez gagner de l'argent avec ces idées, il y a une tonne de concurrence, car les entreprises en ligne sont très populaires et les gens sous-estiment la difficulté de gagner une somme d'argent décente avec ces idées.

Avec toute cette concurrence, cela signifie aussi que les marchés en ligne sont inondés de produits et de services médiocres. Ainsi, même si vous arrivez sur le marché avec le meilleur produit, vous ne vous distinguerez pas. C'est alors que vous devez réfléchir à la manière dont vous voulez faire la publicité de vos produits ou services pour vous hisser au-dessus de tous les autres produits médiocres et devenir le leader dans votre domaine.

Permettez-moi de souligner que le fait d'avoir un produit ou un service à lui seul ne représente que la moitié du travail. Vous devez également obtenir de la visibilité par la publicité, qu'il s'agisse de marketing dans les médias sociaux, de marketing PPC ou de marketing de bouche à oreille, c'est à vous de décider.

Il est toujours bon de faire une analyse concurrentielle et de voir comment vos concurrents font la promotion de leurs produits.

Un autre problème des entreprises en ligne est la longévité. Nombre de ces entreprises peuvent être présentes aujourd'hui et disparaître demain parce que la concurrence vous a simplement évincé du marché, que vos produits ou services sont devenus obsolètes ou que vous n'avez pas pu suivre les changements technologiques ou publicitaires, ne vous permettant pas d'obtenir toute l'exposition nécessaire pour rester pertinent. Donc, ce n'est pas le fixer et l'oublier, c'est le dire et le maintenir.

Tout ce qui n'est pas considéré comme passif, je l'ai laissé en dehors de la liste. Donc, le travail en freelance et le conseil ne fonctionnent que lorsque vous êtes physiquement présent, sinon vous ne serez pas payé. Cela va à l'encontre de l'objectif de faire des revenus résiduels.

Immobilier

La deuxième façon de réaliser un revenu résiduel est l'immobilier. Je ne parle pas de retourner les maisons parce que cela demande trop de travail pour acheter et vendre. Ce n'est pas non plus passif.

L'accent doit être mis sur les biens à revenus qui rapportent de l'argent. Cela signifie qu'après avoir pris en compte toutes les dépenses, vous devez en tirer un bénéfice net.

Vos locataires vous paient un loyer mensuel. Avec ces loyers, vous remboursez l'hypothèque (le cas échéant), l'assurance habitation, les impôts, les dépenses d'investissement, etc. Si vous achetez au bon endroit, engagez le bon gestionnaire immobilier et faites vos comptes, vous pouvez avoir un revenu stable et agréable.

Vous ne vous ruinerez pas en achetant une seule propriété au départ et plus vous achetez de propriétés et plus vous prenez une hypothèque, plus le montant de votre dette augmente. Cette accumulation de dettes entravera également votre processus d'obtention de prêts supplémentaires.

C'est à ce moment que vous devez faire preuve de créativité pour financer vos achats. Les prêteurs privés ou les prêteurs de portefeuille peuvent être deux options à essayer.

Le paiement des loyers vous permet de générer un revenu résiduel et plus vous possédez de propriétés, plus votre revenu résiduel pourrait être élevé.

Il existe également de nombreux avantages fiscaux liés à l'immobilier. Il ne s'agit pas d'une méthode permettant de générer rapidement une tonne de revenus résiduels, mais ceux-ci sont stables et augmentent avec chaque nouvelle propriété. De nombreux millionnaires doivent leur richesse à l'immobilier, ce qui leur donne également la flexibilité et la liberté de voyager et d'être leur propre patron.

Une bonne façon de commencer est d'acheter des maisons individuelles, des duplex, des triplex ou des quads. Ceux-ci sont considérablement moins chers que l'immobilier commercial ou les complexes d'appartements.

Vous pouvez commencer par l'immobilier résidentiel ou vous essayer au franchisage et à l'immobilier commercial une fois que vous avez les compétences et l'argent économisés.

Actions donnant droit à des dividendes

La troisième méthode, et si vous avez prêté attention à mon livre, vous savez ce que c'est : réaliser un revenu résiduel grâce à des actions donnant droit à des dividendes.

Il existe un groupe d'entreprises qui versent une partie de leur revenu net sous forme de dividendes aux actionnaires. Mais toutes ces entreprises ne valent pas la peine d'investir. Il est donc fortement recommandé d'analyser les performances d'une entreprise.

L'intérêt d'investir sous forme de dividendes est de créer un flux de revenus résiduels qui devrait croître plus vite que l'inflation. Les entreprises augmentent leurs paiements de dividendes et, en achetant constamment les bonnes actions à dividendes et en réinvestissant ces dividendes pour acheter des actions entières ou partielles, vous augmentez vos revenus de dividendes.

N'oubliez pas que vous devrez payer des impôts sur vos revenus de dividendes en fonction du type de compte d'investissement que vous utilisez.

Il est également très facile de commencer, car vous n'avez pas besoin d'avoir une tonne d'argent. Vous pouvez commencer par acheter une seule action d'une société qui verse des dividendes.

De nombreuses personnes parmi les plus riches du monde ont des sociétés qui versent des dividendes dans leur portefeuille. Des gars comme Warren Buffett, Charlie Munger et même Bill Gates.

Maintenant, les deux dernières méthodes de génération de revenus résiduels, l'immobilier et l'investissement, je les appelle le vieil argent, parce qu'elles ont été les piliers de la création et du maintien de la richesse.

Les entreprises en ligne, cependant, peuvent être délicates. Un mois, vous pouvez gagner beaucoup d'argent, mais le mois suivant, c'est tout le contraire. Si vous voulez jouer intelligemment et en toute sécurité, vous devez diversifier vos sources de revenus, afin d'avoir de l'argent provenant de différentes sources.

Chapitre Onze : Conclusion

En tant que débutant, investir en bourse peut être assez intimidant, alors ne vous accrochez pas si vous avez l'impression d'être perdu. Je suis passé par là et beaucoup d'investisseurs qui ont réussi se sont également sentis ainsi lorsqu'ils ont acheté leurs premières actions. Une fois que vous aurez fait ce saut de confiance, les choses deviendront plus faciles.

Il est également préférable de commencer à investir avec une petite somme d'argent et de suivre vos résultats. Cela vous donnera la confiance et la motivation nécessaires pour aller de l'avant. Une fois que vous aurez acquis une certaine expérience, vous pourrez commencer à prendre des risques calculés.

Comme toujours, vous devez constamment vous former, sinon vous ferez des erreurs. Mais le simple fait que vous soyez arrivé jusqu'ici me dit que vous êtes prêt à faire le nécessaire pour améliorer votre avenir financier.

Vous avez ce qu'il faut pour réussir et prendre votre avenir en main avec confiance.

Je vous remercie.

Je tiens à vous remercier du fond du cœur de m'avoir accompagné dans ce voyage d'investissement. Il existe de nombreux livres d'investissement, mais vous avez décidé de donner une chance à celui-ci.

Si vous avez aimé ce livre, alors j'ai besoin de votre aide !

Veuillez prendre un moment pour me laisser un avis honnête sur ce livre. Ce commentaire me permet de bien comprendre les types de livres et les sujets que les lecteurs veulent lire et il donnera également à mon livre une plus grande visibilité.

Laisser une critique prend moins d'une minute et est très apprécié.

www.ingramcontent.com/pod-product-compliance
Lightning Source LLC
Chambersburg PA
CBHW071442210326
41597CB00020B/3908